EXPLORANDO PAÍSES

FRANCIA

De Tracy Vonder Brink
Traducción de Santiago Ochoa

ÍNDICE

Un libro de El Semillero de Crabtree

CRABTREE Publishing Company
www.crabtreebooks.com

Apoyo escolar para cuidadores y profesores

Este libro ayuda a los niños a crecer al permitirles practicar la lectura. A continuación se presentan algunas preguntas orientativas para ayudar al lector a desarrollar su capacidad de comprensión. Las posibles respuestas que aparecen aquí están en color rojo.

Antes de leer:

- ¿De qué creo que trata este libro?
    - *Creo que este libro trata sobre Francia.*
    - *Creo que este libro trata sobre lugares para visitar en Francia.*

- ¿Qué quiero aprender sobre este tema?
    - *Quiero aprender sobre la Torre Eiffel.*
    - *Quiero aprender qué idioma se habla en Francia.*

Durante la lectura:

- Me pregunto por qué...
    - *Me pregunto por qué hay tantos museos en París.*
    - *Me pregunto por qué el Valle del Loira situado en Francia tiene más de 300 castillos.*

- ¿Qué he aprendido hasta ahora?
    - *He aprendido que París es la capital de Francia.*
    - *He aprendido que* Notre-Dame de Paris *es una iglesia famosa de París que tiene más de 800 años.*

Después de leer:

- ¿Qué detalles he aprendido sobre este tema?
    - *He aprendido que la Torre Eiffel tiene más de 1 000 escalones que van de abajo hacia arriba.*
    - *He aprendido que el Arco del Triunfo es un monumento que honra a los soldados franceses.*

- Vuelve a leer el libro y busca las palabras del glosario.
    - *Veo la palabra* ***monumentos*** *en la página 6 y la palabra* ***lavanda*** *en la página 18. Las otras palabras del glosario se encuentran en las páginas 22 y 23.*

Francia es un país.

Está situado en **Europa**.

París es la **capital** de Francia.

Un río fluye a través de París.

Se llama el Sena.

La mayoría de la gente que vive en Francia habla francés.

París tiene muchos **monumentos**.

El Arco del Triunfo rinde homenaje a los soldados franceses.

La Torre Eiffel es alta.

Tiene más de 1 000 escalones que van de abajo hacia arriba.

También tiene siete ascensores.

Gustave Eiffel creó la torre para la Exposición Universal de 1889.

Notre-Dame de Paris es una famosa iglesia de París.

Tiene más de 800 años.

París tiene muchos museos.
El Louvre es el museo de arte más grande del mundo.

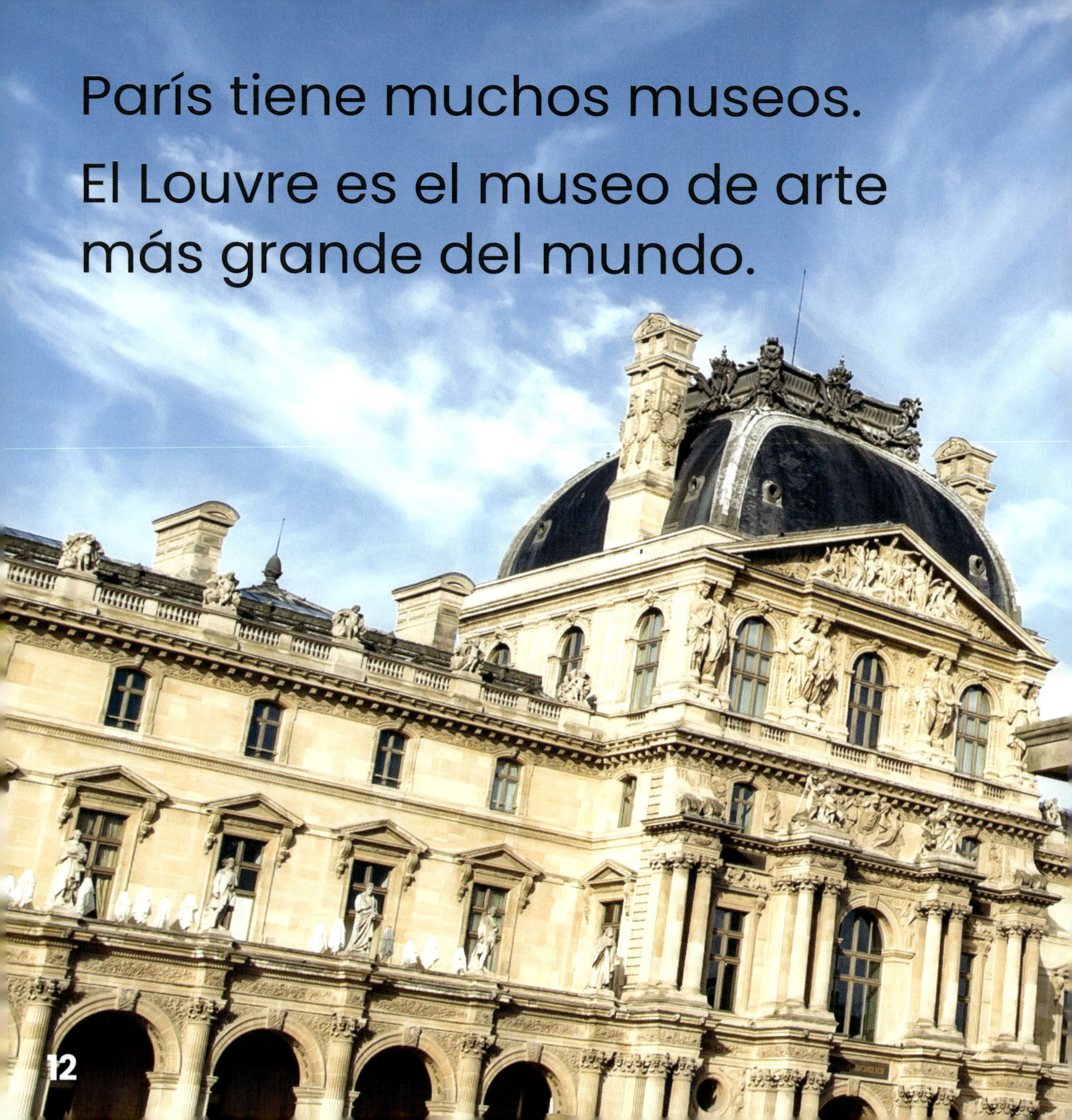

El museo contiene pinturas, **estatuas** y otros objetos.

Mont-Saint-Michel es una isla al norte de Francia.

En su cima hay una iglesia famosa.

El Valle del Loira se encuentra en la región **central** de Francia.

Tiene más de 300 castillos.

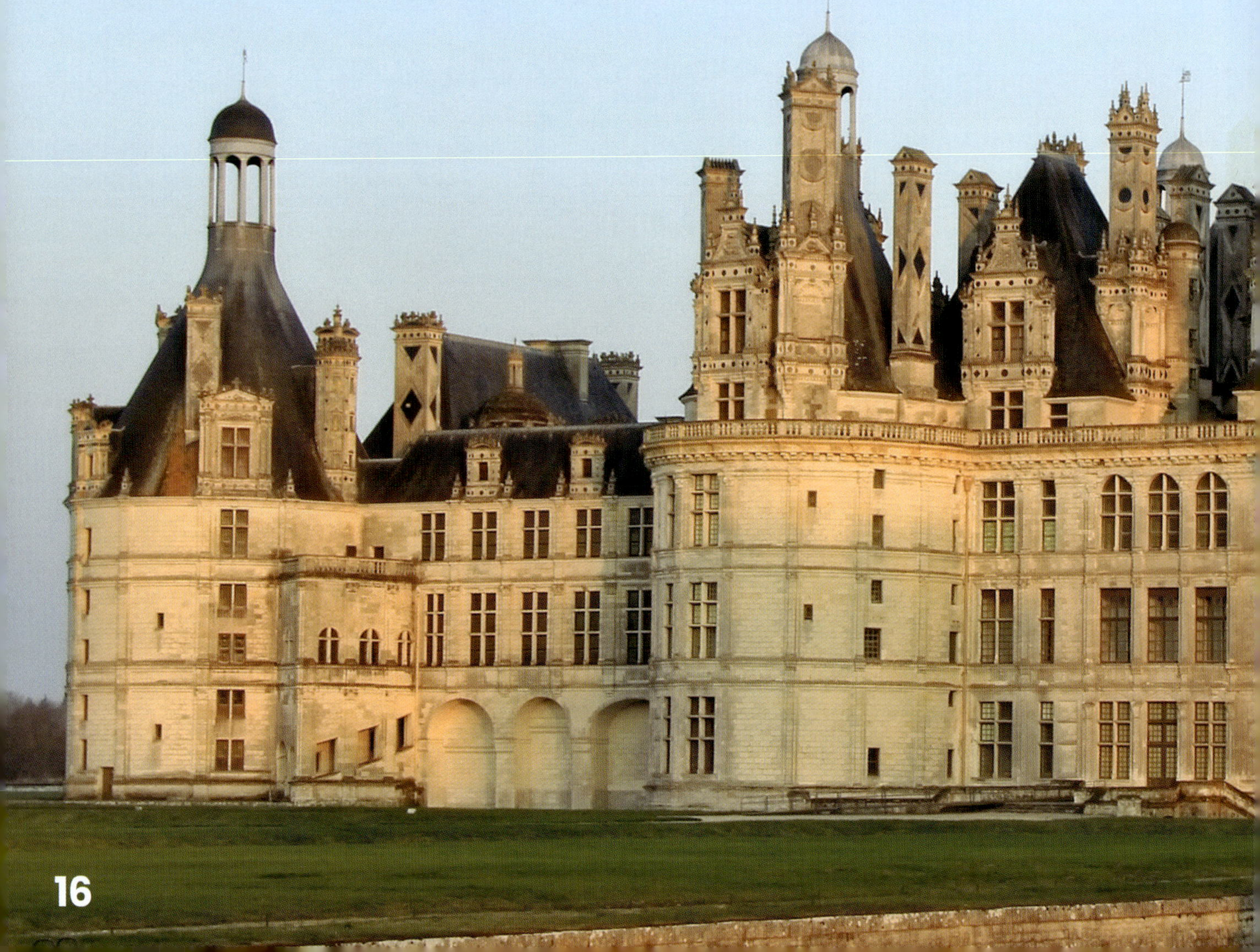

Chambord es el castillo más grande de este lugar.

La Provenza es una región del sur de Francia.

Tiene montañas y playas.

La Provenza también tiene campos de **lavanda**.

La lavanda tiene un aroma suave y fresco.
Se utiliza en algunos jabones, lociones y velas.

Los mercados de la Provenza están llenos de alimentos deliciosos.

¡Visitar Francia es divertido!

RPH onions

Glosario

capital: La ciudad donde se encuentra el gobierno de un país o Estado.

central: Cerca del centro o en él.

estatuas: Una figura de una persona o un animal creada por un artista con un material duro, como el metal o la piedra.

Europa: El continente situado entre el Océano Atlántico y Asia.

lavanda: Una planta de aroma dulce con flores de color violeta claro.

monumentos: Construcción para recordar a una persona o un acontecimiento.

Índice analítico

Acerca de la autora

Tracy Vonder Brink

A Tracy Vonder Brink le encanta visitar lugares nuevos. Una vez pasó un verano en Francia y disfrutó de un fin de semana en París. Vive en Cincinnati con su esposo, sus dos hijas y dos perros de rescate.

CRABTREE Publishing Company

Written by: Tracy Vonder Brink
Designed by: Under the Oaks Media
Proofreader: Janine Deschenes
Translation to Spanish: Santiago Ochoa
Spanish-language Copyediting and Proofreading: Base Tres

Photographs:
Shutterstock: Catarina Belova: cover, p. 7; V_E: p. 3; MarinaD_37: p. 5, 21; Ron Martinez: p. 9; Gurgen Bakhshetyan: p. 11; photosmatic: p. 12-13; milosko50: p. 15; Captblack76: p. 16-17; StevanZL: p. 19

Library and Archives Canadá Cataloguing in Publication
CIP available at Library and Archives Canadá

Library of Congress Cataloging-in-Publication Data
CIP available at Library of Congress

Crabtree Publishing Company
www.crabtreebooks.com 1-800-387-7650

Printed in the USA/062022/CG20220124

Published in the United States
Crabtree Publishing
347 Fifth Avenue, Suite 1402-145
New York, NY, 10016

Published in Canadá
Crabtree Publishing
616 Welland Ave.
St. Catharines, ON, L2M 5V6